자비는 인연을 가리지 않네

그림
경전 말씀

자비는 인연을 가리지 않네

혜조 엮음 · 신창호 그림

운주사

머리말

예로부터 부처님 경전을 팔만대장경이라 부릅니다. 실은 팔만 가짓수보다 더 많지만 줄여서 흔히들 그렇게 말합니다. 하지만 부처님 가르침의 본질은 단 하나, 중생들이 겪고 있는 온갖 고통을 소멸시키는 데에 초점이 맞춰져 있습니다.

그렇다면 부처님께서 정각을 이루신 뒤에 만나는 인연들을 향해, 그처럼 수많은 설법을 하신 까닭은 무엇일까요? 그만큼 이 세상에는 여러 갈래의 편견과 잘못된 습관, 오래된 나쁜 버릇 때문에 고통당하는 분들이 많다는 의미일 것입니다.

큰 허공처럼 다함없는 자비로운 부처님께서는 수많은 중생들의 다양한 고통을 해결해 주기 위해, 중생들의 갖가지 병에 따라 이미 여러 좋은 양약들을 우리들에게 제시해 주셨습니다. 이제 그 약을 복용하여 스스로 병의 고통에서 벗어나, 자유와 행복의 길을 열어 나가는 것은 우리 자신들의 몫입니다.

이번에 조금은 색다른 그림 경전 말씀을 엮어 내게 된 것은 매일 아침마다 BBS불교방송에서 카톡으로 보내온 부처님 말씀이 작은 동기가 되었습니다. 혼자 보기 아까워서 카톡에 뜨는 여러 지인들에게 전달하다 보니, 그중 한 분이 부처님 말씀에 그림을 그려서 답신을 보내왔습니다. 그래서 그림이 담긴 부처님 말씀을 다시 몇몇 지인들에게 보내주니, 글씨만 있던 것보다 훨씬 좋다며 기뻐했습니다. 이것이 계기가 되어 한동안 책장 속에서 자리만 차지하고 있던 경전들을 돋보기안경을 써 가며 다시금 읽어보게 되었습니다.

그동안 경전 내용을 그림으로 담아준 신창호 님께 깊은 감사를 드리며, 생각보다 쉽지 않은 편찬 작업을 함께해 준 운주사 식구들에게도 고마움을 전합니다. 그리고 앞서 밝힌 대로 카톡으로 보내온 그림이 있는 부처님 말씀을 기다리며, 바빠서 못 보내거나 더러 빼먹으면 항의(?) 전화해 주었던 고마운 인연들 덕분에 이 책이 나오게 되었음을 밝힙니다.

사실 팔만대장경을 다 보고 한 권으로 정리하기엔 본인의 배움과 안목이 너무나 미흡하며, 그러기에 앞으로 더 깊이 숙고하여 노력해야 함을 알고 있습니다. 하지만 아무리 구슬이 서 말이라도 꿰어야 보배라는 말이 있듯이, 날이 갈수록 시력도 안 좋아지고 체력도 약해지는데 정성이 담긴 원고들을 마냥 쌓아놓고만 지낼 수는 없는 노릇이었습니다. 더욱이 몇 해 전 떠나신 모친의 "부처님 말씀을 널리 펴라"는 마지막 유언을 떠올리며, 한 걸음씩 정진해 나가는 마음으로 부족하나마 우선 출

간하고자 마음을 내게 되었습니다.

　요즈음 코로나19로 인해 전 세계적으로 많은 분들이 경제적으로나 정서적으로 상당히 불안감을 느끼며 위축되어 있습니다. 이렇게 현실적 아픔을 겪고 있는 이웃들이 불보살님의 가피로 진정한 안심을 얻고, 일상생활에서 역경을 슬기롭게 극복해 나가는 지혜와 용기를 얻는 데 이 책이 작으나마 도움이 될 수 있기를 바라마지 않습니다. 그리하여 좀 더 평화로운 세상을 창조하고 가꾸어 가는 데 있어, 우리 각자가 인생 역전의 능동적인 주인공이 되기를 희망하며 감사의 합장을 올립니다.

　아울러 선망 부모님을 비롯한 주변의 인연 있는 영가님들은 물론, 질병과 사고로 뜻하지 않게 떠난 인연 없는 수많은 분들 역시 모두 극락세계 왕생하시어 성불하시기를 간절히 염원하며 분향 삼배 올립니다.

　나무석가모니불
　나무석가모니불
　나무시아본사석가모니불 _()_

문수산 법륜사에서
엮은이 합장 삼배

머리말 • 5

제1장 구하는 것이 없어야 비로소 즐겁다 • 21

보살은 자비심으로 〈불설태자쇄호경〉	23
세상을 유지하고 이끌어가는 근원 〈잡아함경〉	24
무엇이 번뇌의 무리를 끊고 지혜 공덕을 낳는가? 〈대승집보살학론〉	25
육도 중생이 나의 부모와 형제 아님이 없다 〈범망경〉	26
설사 온 세계에 불길이 가득하더라도 〈무량수경〉	27
진정한 법보시 〈유마경〉	28
병든 스님이 있거든 〈사분율〉	29
원만한 용모를 얻는 비결 〈수마제경〉	30
선의 열매가 무르익으면 〈법구경〉	31
근원으로 돌아가는 성품과 방편의 길 〈능엄경〉	32
사나움도 나약함도 버리고 중도를 지켜라 〈잡보장경〉	33
부처님 은혜를 갚으려면 〈화엄경〉	34
해침을 당하고 싶지 않거든 〈빨리 법구경〉	35
말이 많고 생각이 많으면 〈신심명〉	36
아무리 귀한 재물일지라도 〈잡아함경〉	37
어버이가 가장 신령하다 〈사십이장경〉	38
중생 위해 방편으로 열반을 나타내지만 〈법화경〉	39

어떤 번뇌에 섞이더라도 불성은 존재하네 〈열반경〉　　40

구하는 것이 없어야 비로소 즐겁다 〈속고승전〉　　41

마음의 때를 씻겨내려면 〈증일아함경〉　　42

마음이 잘 닦인 보살 〈보적경〉　　43

부처님께 공양올리는 바른 방법 〈장아함경〉　　44

모든 것은 내 뜻대로 될 수 있다고 〈법구경〉　　45

행복에 이르는 여섯 가지 길 〈자타카〉　　46

여러 사람을 즐겁게 하는 이 〈선문보훈집〉　　47

비록 적은 보시라 할지라도 〈출요경〉　　48

먼저 원망하는 자를 구원하라 〈우바새계경〉　　49

의사와 같고 길을 안내하는 인도자와 같아 〈유교경〉　　50

도를 수행하는 사람이라면 〈수행도지경〉　　51

추위가 한 차례 뼈에 사무치지 않는다면 - 황벽선사　　52

제2장 한량없는 사랑의 실천 • 53

근심을 사라지게 하는 비법 〈나운인욕경〉　　55

술에 정신을 잃어서는 안 된다 〈관감장송경〉　　56

사람의 마음을 어리석게 하는 것 〈사십이장경〉　　57

나무 밑 작은 그늘에서 쉬었다면 〈잡보장경〉　　58

남을 때리는 일은 자신을 때리는 일이다 〈법집요송경〉　　59

슬기롭게 세상 사는 법 〈법구경〉　　60

오늘 할 일에 최선을 다하라 〈중아함경〉	61
보살마하살은 중생들을 위하여 〈보살본연경〉	62
불경의 한량없는 공덕 〈불반니원경〉	63
사이좋고 지혜롭게 고통 없애기 〈숫타니파타〉	64
모든 법의 진실한 모습 〈대품반야경〉	65
무너지는 것과 무너지지 않는 것 〈능가아발다라보경〉	66
낮과 밤을 헛되이 보내지 마라 〈출요경〉	67
안으로부터 자라나는 독화살 〈아함경〉	68
중생이 본래 부처이네 〈원각경〉	69
다만 현재를 현재대로 보라 〈일야현자경〉	70
천당에 태어나는 두 종류의 사람 〈증일아함경〉	71
다른 사람을 편안하게 해주기 〈법구경〉	72
일체중생의 심성은 본디 깨끗하다 〈대방등대집경〉	73
한량없는 사랑의 실천 〈결정의경〉	74
수행이란 무엇인가? 〈대집비유경〉	75
어리석은 사람과 깨달은 사람의 차이 〈법보단경〉	76
욕망에 빠져버린 자들 〈담마빠다〉	77
불법은 한량없어서 큰 바다와 같다 〈대지도론〉	78
생존에 대한 그릇된 집착에 얽매인 사람들 〈숫타니파타〉	79
믿음이라는 손이 없다면 〈심지관경〉	80
철없는 어린애가 꿀 묻은 칼날 핥듯이 위험해 〈사십이장경〉	81
모든 원한이 발생하는 이유 〈잡아함경〉	82
게으르면 비겁하고 나약해지네 〈정법염처경〉	83

악마가 접근하지 못하게 하려면 〈소부경전〉　　　　84

제3장 사람들 가운데 연꽃 같은 존재 • 85

삼계의 애욕을 모두 다 끊으려면 〈증일아함경〉　　　　87
존재하는 모습의 참 모습 〈방광반야경〉　　　　88
보이지 않지만 어느새 크게 자란다 〈선림보훈〉　　　　89
진흙에 차별이 있는 것은 아니다 〈보장경〉　　　　90
사람들 가운데 연꽃 같은 존재 〈관무량수불경〉　　　　91
조금 아는 것 있다 하여 교만하게 굴면 〈법구경〉　　　　92
분수에 넘치게 바라지 마라 〈보왕삼매론〉　　　　93
마음은 모양이 없어서 〈금강삼매경〉　　　　94
법문 듣는 자 성불 못할 사람 아무도 없네 〈법화경〉　　　　95
마음의 힘 〈불소행찬〉　　　　96
매혹적인 겉모양에 사로잡히지 말라 〈숫타니파타〉　　　　97
사랑하는 마음으로 들추어야 한다 〈잡아함경〉　　　　98
입으로 온갖 허물을 짓는다면 〈근본유부비나야율〉　　　　99
마음이 얽매이지 않는다는 것 〈유마경〉　　　　100
고통의 원인을 향해 달려가고 〈입보리행론〉　　　　101
공부하기 어려운 세상이라도 〈초발심자경문〉　　　　102
사회 집단의 진정한 의미 〈열반경〉　　　　103
대장장이가 녹을 없애듯이 〈소부경전〉　　　　104

쉬지 않고 나무 사이를 타고 다니는 원숭이 〈증일아함경〉	105
사람들이 싸움을 벌이는 까닭 〈잡비유경〉	106
선한 사람은 탐욕이 없어 가는 곳마다 아름답다 〈법구경〉	107
머무는 바 없이 그 마음을 내라 〈금강경〉	108
나고 죽는 수많은 죄를 소멸하는 방법 〈관불삼매경〉	109
사람이 피할 수 없는 네 가지 고독 〈근본설일체유부비나야잡사〉	110
스승의 은혜를 아는 사람 〈중심경〉	111
깨달음을 얻기 위해선 〈화엄경〉	112
어떻게 해야 지옥 고통을 면하는가? 〈보살수행경〉	113
바른 생각의 소중함 〈불본행경〉	114
법을 들은 공덕은 없어지지 않네 〈미증유인연경〉	115
참답게 부모님 은혜 갚으려면 〈불은의광경〉	116

제4장 이익을 얻으면 대중과 함께 나눠라 • 117

단 하루를 살더라도 〈출요경〉	119
마음의 광명 〈사십이장경〉	120
자신을 잘 단속하라 〈잡아함경〉	121
중생계를 떠나지 않은 채 법신이 있네 〈부증불감경〉	122
더위를 피하고 갈증을 달래게 하면 〈비야바문경〉	123
대비심은 반야바라밀의 어머니 〈명망보살경〉	124
살기를 좋아하지 않는 것은 없다 〈법구비유경〉	125

향수를 만드는 사람 몸에 향내가 배듯이 〈능엄경〉	126
전쟁의 가장 큰 참된 승리자 〈담마빠다〉	127
한량없는 지장보살 위신력 〈지장경〉	128
의로운 마음으로 재물을 구하라 〈불소행찬〉	129
덕 베푼 것을 헌신짝처럼 버려라 〈보왕삼매론〉	130
좋은 인연 만나면 가차없이 밀고 나가야 〈현우경〉	131
성질이 인자하고 부드럽고 온화해야 따른다 〈법원주림〉	132
번뇌와 죄 그리고 고통의 삼각관계 〈아함경〉	133
어리석은 이와는 짝하지 말라 〈법구경〉	134
부처님 말씀을 보시하면 〈육취윤회경〉	135
이름이나 문자에 집착하고 분별하는 사람 〈입능가경〉	136
마음의 평정을 이룬 사람 〈숫타니파타〉	137
이익을 얻으면 대중과 함께 나눠라 〈유행경〉	138
좋지 못한 재난을 보거든 〈파리중부토베다피닷가경〉	139
몸과 마음을 해치지 않는 비법 〈수행도지경〉	140
마음속에 바라는 것은 똑같으나 〈별역잡아함경〉	141
적으면 적은 대로, 많으면 많은 대로 〈자타카〉	142
세상의 즐거움을 제대로 살펴보면 〈초발심자경문〉	143
마음의 처소와 빛깔 〈문수사리보조삼매경〉	144
스승의 가르침을 따라 착한 생각을 내어라 〈보리행경〉	145
병의 원인이 되는 네 가지 독화살 〈대반열반경〉	146
교만의 근본 뿌리 〈잡보장경〉	147
남자가 아내를 사랑하고 어여삐 생각하면 〈선생경〉	148

제5장 비고 고요함은 근본이 없네 • 149

남의 좋은 점을 사랑하고 기뻐하라 〈아난분별경〉	151
짧게 살 행동을 하면 〈앵무경〉	152
어떤 이론이 지지를 받는다고 해서 〈중아함경〉	153
허물을 뉘우치고 깨달으면 〈자비도량참법〉	154
태어남과 죽음의 근본 뿌리 〈원각경〉	155
목숨을 마칠 때 두려움이 없으려면 〈대지도론〉	156
병자가 땀을 내어 차차 나아지듯 〈사십이장경〉	157
괴로움을 완전히 없애기 〈담마빠다〉	158
어리석은 이에게 생사는 길고 〈법집요송경〉	159
무량한 복덕을 받는 행법 〈출생무량문지경〉	160
자비한 마음으로 중생을 아끼고 염려하면 〈제법집요경〉	161
산 것을 풀어서 살려주라 〈범망경〉	162
행복에 이르는 길 〈숫타니파타〉	163
두려워하지 않아도 되는 일을 두려워하고 〈법구경〉	164
불교란 무엇인가? 〈불설문수사리보장경〉	165
모든 부처님의 가장 큰 일 〈대품반야경〉	166
얼룩새의 빛깔과 마음의 얼룩 〈잡아함경〉	167
영원히 안락할 수 있는 방법 〈보리행경〉	168
게으름과 부지런함 〈문수사리정률경〉	169
대자비로 방을 삼으며 〈법화경〉	170
이기기 어려운 전쟁에서 이기는 사람 〈상윳따 니까야〉	171

비고 고요함은 근본이 없네 〈보살영락경〉 172

질투하는 마음을 일으키지 않겠습니다 〈승만경〉 173

번뇌의 바다에서 얻는 지혜보배 〈유마경〉 174

선하고 악한 일은 제 마음으로 짓는 것 〈아난분별경〉 175

무량한 뜻의 모양 없는 도리 〈무량의경〉 176

나이 들어서도 복을 받아 가난해지지 않으려면 〈법구비유경〉 177

아주 작은 선행이라 할지라도 〈소부경전〉 178

마음이 삼계를 만든다 〈화엄경〉 179

가장 강한 욕망 〈이취경〉 180

제6장 한 가지 선함은 백 가지 악을 부순다 • 181

우리 마음의 뿌리 줄기 가지 열매는? 〈대장부론〉 183

자식이 부모 은혜를 갚기 위해 〈부모은중경〉 184

가장 훌륭한 세 가지 향기 〈잡아함경〉 185

비난만 받는 사람도 없으며 〈법구경〉 186

한 중생도 제도했다는 생각이 없어야 한다 〈금강경〉 187

객관적인 존재란 실제로는 없네 〈성구경〉 188

설득하려 말고 삶의 태도로 보여주어라 〈수자타〉 189

익은 과일은 땅으로 떨어지는 것처럼 〈숫타니파타〉 190

성내고 해치려는 생각을 없애고 〈현우경〉 191

모든 죄의 업장에서 벗어나고자 한다면 〈불명경〉 192

반드시 열반을 얻게 하는 비법 〈대보적경〉	193
한 가지 선함은 백 가지 악을 부순다 〈열반경〉	194
보살은 남을 해치지 않으며 〈대방등대집경〉	195
명성과 큰 재물을 얻으려면 〈잡아함경〉	196
거울을 닦아 때가 없어지면 밝음만 남네 〈사십이장경〉	197
물이 출렁이면 달도 따라서 출렁이듯 〈육바라밀경〉	198
부처님을 만나는 길 〈능가경〉	199
세속의 영광은 사라지게 마련이다 〈빈두로돌라사위우타연왕설법경〉	200
악행 저지르는 자를 가까이 하면 〈법집요송경〉	201
연기법은 내가 만든 것도 아니요 〈잡아함경〉	202
모든 법은 인연으로 생기므로 〈중론〉	203
형편이 잘 풀릴 때를 조심하라 〈잡보장경〉	204
소질에 맞는 기술로 생계를 영위하고 〈법구경〉	205
인욕하는 자가 가장 힘이 강하다 〈출요경〉	206
건강할 때 빨리 복덕을 지어라 〈대장엄론경〉	207
사람으로서 몸과 마음을 닦지 않으면 〈시가라위경〉	208
항상 복덕을 지어 보시를 행하라 〈사아함모초해〉	209
죄가 있거나 없거나 관세음보살을 부르면 〈법화경〉	210
조금 아는 것을 진리라고 주장하는 사람들 〈삼혜경〉	211
만일 얻을 마음이 없음을 알면 〈법고경〉	212

제7장 복은 도둑맞는 법이 없다 • 213

온갖 복이 스스로 돌아오게 하는 비결 〈초발심자경문〉	215
착한 벗을 가까이 하면 〈현우경〉	216
복은 결코 신이 내려주는 것이 아니다 〈아난문사불길흉경〉	217
물이 풀과 약초와 나무를 키우듯 〈보적경〉	218
복은 도둑맞는 법이 없다 〈출요경〉	219
좋은 벗의 정의 〈선생자경〉	220
모든 법은 고요하고 담연하여 〈대승기신론〉	221
나라를 위해 벼슬에 있더라도 〈불반니원경〉	222
열매를 얻으려면 먼저 씨를 뿌려야 한다 〈견의경〉	223
참는 것은 분노를 이기고 〈빈기가경〉	224
여래는 세상과 다투지 않는다 〈대방등대집경〉	225
공경하는 마음으로 합장하면 〈수가장자설업보차별경〉	226
질투하지 말며 교만하지 말라 〈우바새계경〉	227
염불하는 마음이 흔들리지 않는다면 〈화엄경〉	228
호화롭던 임금의 수레도 언젠가는 〈법구경〉	229
죽은 자의 몸은 비록 없어지더라도 〈패경〉	230
자비는 인연을 가리지 않네 〈전등록〉	231
항상 덕스럽고 깨끗한 행동을 한다면 〈출요경〉	232
점차적으로 배우고 실천하며 성취한다 〈맛지마 니까야〉	233
세상 사람들의 헛된 말을 따르지 말라 〈초발심자경문〉	234
욕심이 적은 사람은 근심이 없네 〈불유교경〉	235

우선순위에 따라 미리미리 준비하라 〈본생경〉　　　　**236**

자기 자신보다 사랑스러운 것은 없다 〈상응부경전〉　　　**237**

수명을 늘어나게 하는 두 가지 인연 〈금강명최승왕경〉　**238**

입을 조심하여 착한 말 고운 말만 하라 〈숫타니파타〉　　**239**

세력을 다 부리지 마라 - 법연선사　　　　　　　　　　　**240**

내 가르침도 뗏목과 같이 알라 〈금강경〉　　　　　　　　**241**

믿음과 실천으로 해탈을 즐기는 사람 〈법구비유경〉　　　**242**

보살이 아뇩다라삼먁삼보리심을 내는 이유 〈대품반야경〉　**243**

불법의 바다에서는 모든 이가 평등하네 〈증일아함경〉　　**244**

온갖 것이 공하다고 관찰하더라도 〈대지도론〉　　　　　**245**

공덕을 잊으면 복이 최고로 뛰어나다 〈육조단경〉　　　　**246**

제1장

구하는 것이 없어야 비로소 즐겁다

보살은 자비심으로 시방세계의 사람들과
모든 날아다니는 것들과 움직이는 것들
일체를 마치 어린아이처럼 생각하여
모두 해탈하도록 해주어야 한다.

〈불설태자쇄호경〉

마음이 세상을 유지하고
마음이 세상을 이끌고 간다.
마음이 하나의 법이 되어 세상을 제어한다.

〈잡아함경〉

믿음은 지혜의 공덕을 낳게 하며
진리에 달하게 한다.
믿음은 깨끗하고 예리하여
영원히 번뇌의 무리를 끊게 한다.

〈대승집보살학론〉

끝없는 옛적부터 금생에 이르는 동안,
육도 중생이 나의 부모와 형제 아님이 없다.

〈범망경〉

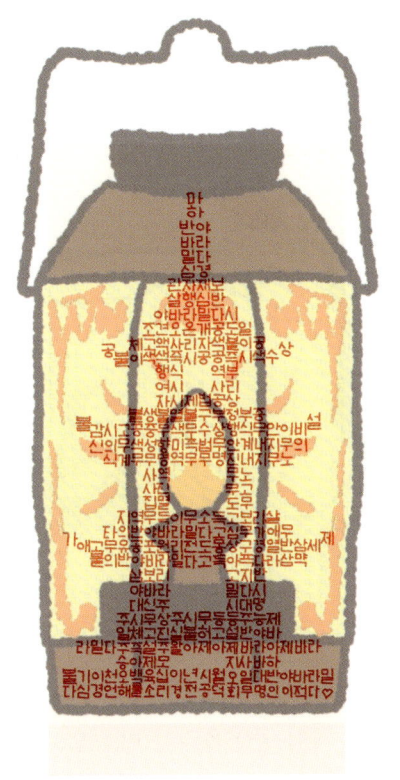

설사 온 세계에 불길이 가득하더라도
반드시 뚫고 나가 불법을 듣고,
모두 다 마땅히 부처가 되어
생사에 헤매는 이 구제하여라.

〈무량수경〉

보시를 하는 사람은
부처님께 직접 공양올리는 마음으로,
그 받는 대상이 누구이든지 간에 정성스럽게
보시해야 한다. 대가를 바라지 않으면서,
성인이든 중생이든 평등한 마음으로
보시하는 것이 진정한 법보시이다.

〈유마경〉

병든 스님이 있거든,
스승이 제자를 간호하되 자식 같이 하고
제자는 스승을 간호하되 아버지 같이 하여
서로서로 공경하며 정중히 보살펴라.
이렇게 해야 바른 법이 오래 머물고
이로움이 오래도록 널리 퍼지리라.

〈사분율〉

분노는 선근을 파괴하니
분노가 늘어나게 하지 말고,
인자한 마음으로 법을 즐기며
부처님의 형상을 만들라.
그렇게 하면 원만한 용모와
장엄한 신체를 얻게 되어,
일체중생들이 보고는 항상 즐거워할 것이다.

〈수마제경〉

설령 악한 짓을 많이 한 사람일지라도
아직 악행의 과보가 드러나지 않아
행복을 누리기도 한다.
그러나 차츰 악업의 결과가 드러나면
엄청난 고통을 받게 된다.
비록 착한 사람이라 할지라도
선행의 열매가 무르익지 않아
고통을 당하기도 한다.
그러나 선의 열매가 무르익으면
반드시 그 복을 받는다.

〈법구경〉

근원으로 돌아가는 성품에는 두 길이 없으나,
방편 따라 가는 길에는 여러 문이 있다.

〈능엄경〉

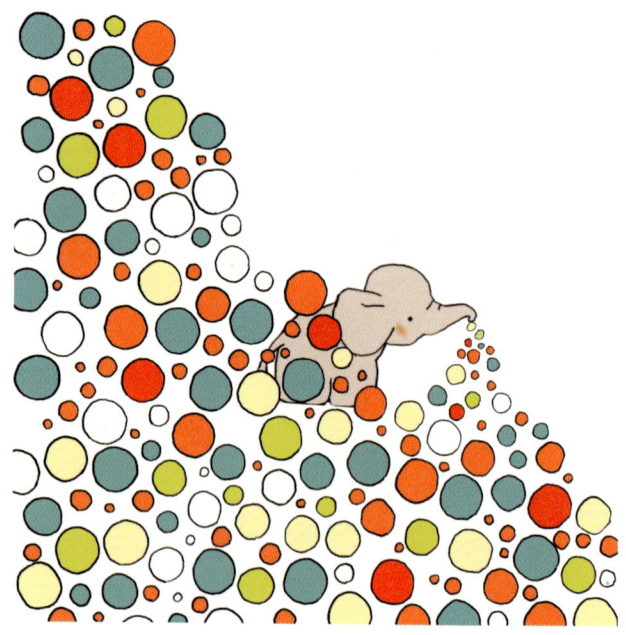

사나우면 남들이 꺼려하고
나약하면 남들이 업신여긴다.
사나움도 나약함도 버리고 중도를 지켜라.

〈잡보장경〉

미진 겁 동안 부처님을 머리에 이고
몸이 의자가 되어 삼천세계를 가득 채워도,
불법을 전하여 중생을 제도하지 못하면
끝내 부처님 은혜를 갚지 못하리라.

〈화엄경〉

너희가 해침을 당하고 싶지 않거든
너희도 다른 이를 절대 해쳐서는 안 된다.
너희가 다른 이를 해친다면
너희는 다음 생에 행복할 수 없다.

〈빨리 법구경〉

말이 많고 생각이 많으면
진리로부터 점점 멀어진다.
말과 생각이 끊어지면
어느 곳엔들 통하지 않으리.

〈신심명〉

넓은 들판의 맑은 호수는 비록 그 물이 맑고 깨끗해도,
그것을 쓰는 사람이 없으면
호수는 저절로 말라 없어진다.
아무리 귀한 재물일지라도 어리석은 사람이 가지면,
자기를 위해서 쓰지 못하고
남을 위해 베풀지도 못한다.
오직 모으고 지키느라 매일 걱정만 하다가
죽음과 함께 귀한 재물을 잃어버리고 만다.
그러나 지혜로운 사람은
재물을 남을 위해 쓸 줄도 알고
자기를 위해 쓸 줄도 알기에,
그가 죽은 뒤에도 공덕이 지워지지 않고
천상에 태어나게 된다.

〈잡아함경〉

착한 사람을 공양하는 복이 가장 깊고 소중하다.
무릇 인간이 천지의 귀신을 섬기는 것은
그 어버이에게 효도하는 것보다 못하니,
어버이가 가장 신령하다.

〈사십이장경〉

중생을 제도하기 위하여
방편으로 열반을 나타내지만,
실제는 내가 죽지 않고
항상 여기서 법을 설한다.

〈법화경〉

소금이나 꿀이 어디에 섞이더라도
본성이 살아 있는 것처럼,
어떤 번뇌에 섞이더라도 불성은 존재한다.

〈열반경〉

구하는 것이 있으면 다 괴롭고,
구하는 것이 없어야 비로소 즐겁다.

〈속고승전〉

사람의 마음이 사악함이나 죄로 물들었을 때는
아무리 물에 들어가 목욕을 해도
그 죄가 씻겨지는 것이 아니다.
자기의 마음을 지혜롭게 하고
자비로운 마음으로 충만할 때
마음의 때가 씻겨지는 것이다.

〈증일아함경〉

잘 길들여진 코끼리는
아무리 무거운 짐을 나를지라도
그 때문에 지치는 일이 없다.
그와 마찬가지로 마음이 잘 닦인 보살은
모든 중생의 무거운 짐을 나를지라도 지치지 않는다.

〈보적경〉

부처님에게 은혜를 갚고자 공양하는 이는
반드시 꽃이나 향이나 풍악 등으로 올릴 필요가 없다.
계율을 청정하게 지키고, 경전을 읽고 외우며,
법의 뜻을 깊이 생각하면서
내가 가르친 대로 실천하는 것이야말로
나에게 바르게 공양하는 것이다.

〈장아함경〉

모든 것은 내 뜻대로 될 수 있다고
속인과 출가자들은 생각한다.
그러나 이것은 바른 생각이 아니거니,
어리석은 사람은 이렇게 생각하여
욕망과 교만을 날로 키운다.

〈법구경〉

건강하도록 하라.
복덕을 쌓아라.
장로(큰스님)들의 가르침을 경청하라.
경전을 공부하라.
진리를 따르라.
집착의 굴레를 깨버려라.
이것이 행복에 이르는 6가지 길이다.

〈자타카〉

여러 사람을 즐겁게 하는 사람은 오래 살며,
제 몸만 즐기는 사람은 망하느니라.

〈선문보훈집〉

비록 적은 보시라 할지라도
마음이 넓고 평등해 두루 베풀어주고
자기를 위하지 않으면,
그 복은 이루 다 말할 수 없을 것이다.

〈출요경〉

부끄러운 일은 감추어주고,
중요한 이야기는 결코 말하지 않아야 한다.
비록 작은 은혜라도 반드시 갚아야 하고,
상대방이 자기를 원망하더라도
항상 이해하는 마음을 가져야 한다.
나를 원망하는 자와 나와 사이가 가까운 자가
똑같이 괴로워하거든
먼저 원망하는 자를 구원하라.

〈우바새계경〉

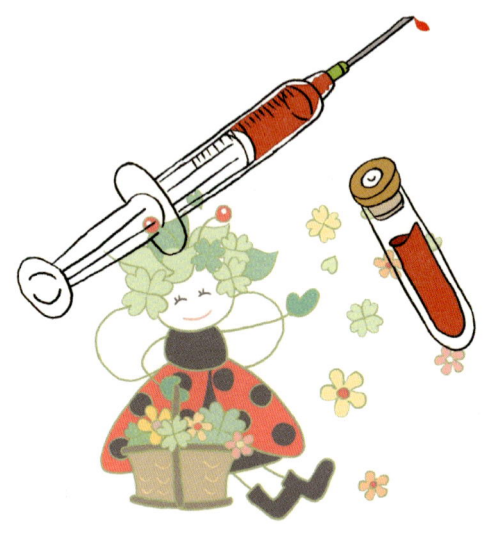

나는 어진 의사와 같아서 병을 알고
약을 처방하나니, 약을 먹고 먹지 않음은
의사의 허물이 아니다.
또한 길을 안내하는 인도자와 같아서
좋은 길로 인도하되, 듣고도 가지 않는 것은
인도자의 허물이 아니다.

〈유교경〉

도를 수행하는 사람이라면
큰 자비심을 세워야 한다.

〈수행도지경〉

추위가 한 차례 뼈에 사무치지 않는다면,
어찌 코를 찌르는 매화 향기를 얻을 수 있으리오.

— 황벽선사

제2장

한량없는 사랑의 실천

세상에서 가장 큰 복이 보시이지만,
보시보다 인욕이 더 큰 복이다.
인욕하면서 자비를 베풀면 근심이 사라진다.

〈나운인욕경〉

술은 윗사람을 윗사람답지 못하게 만들고
아랫사람을 아랫사람답지 못하게 만든다.
술은 어버이를 의롭지 못하게 만들고
자식을 불효하게 만든다.
술은 사람을 몹시 사치스럽게 만들고
음탕하게 만든다.
술은 정의를 파괴하고
나라와 사회와 가정을 어지럽힌다.
그러므로 차라리 독약을 마시고 죽을망정
술에 정신을 잃어서는 안 된다.

〈관감장송경〉

사람의 마음을 덮어 어리석게 하는 것은
애착과 탐욕이다.

〈사십이장경〉

나무 밑 작은 그늘에서 쉬었다면

고마운 줄 알아서

그 가지와 잎사귀, 꽃과 열매를 꺾지 말아라.

〈잡보장경〉

남을 때리는 일은 자신을 때리는 일이다.
원수와 원수는 서로 만나니,
남을 비방하는 일은
바로 스스로를 비방하는 일이다.
그래서 남에게 성내는 일은
자신에게 성내는 일이다.

〈법집요송경〉

원망 속에 있으면서도 원망하지 말고
근심 속에 있으면서도 근심하지 말며
욕심 속에 있으면서도 결코 욕심을 내지 말라.
그리고 내것이 아닌 것은
절대로 가지려고 하지 말라.

〈법구경〉

오로지 오늘 해야 할 일에
최선을 다해 땀흘려 노력하라.
그 누구인들 내일 죽음이 있음을 알겠는가!

〈중아함경〉

보살마하살은 중생들을 위하여
모든 소중한 것을
보시하지 않음이 없네.

〈보살본연경〉

사람이 사는 것은 한 세상뿐이지만,
불경은 무수한 세월에 걸쳐
사람들을 제도하여 열반의 도를 얻게 한다.

〈불반니원경〉

스스로 깨끗한 이가 되고 서로 이해하며
맑고 깨끗한 사람들과 함께 살도록 하라.
그곳에서 사이좋고 지혜롭게
고통과 번뇌를 없애도록 하라.

〈숫타니파타〉

모든 법은 모습이 없어
하나의 모습도 아니고
다른 모습도 아니다.

〈대품반야경〉

나고 죽는 것은
허깨비와 같고 꿈과 같으나
저 업은 무너지지 않는다.

〈능가아발다라보경〉

낮과 밤을 헛되이 보내지 마라.
세월의 빠르기는 번개와 같으니
사람의 목숨 빠르기도 그러하다.

〈출요경〉

분노와 욕망, 어리석음과 교만함은
마치 독화살과 같아서
모든 인간의 병을 일으키는 뿌리가 된다.
밖으로부터 날아오는 독화살은 막을 수 있으나,
안으로부터 자라나는 독화살은 결코 막을 수가 없다.

〈아함경〉

중생이
본래 부처이고
생사와 열반이
지난밤 꿈과 같은 줄을 알지니라.

〈원각경〉

지난 일에 집착하지 말고
미래의 일도 생각지 말라.
과거는 이미 지나버렸으며
미래는 오지 않았다.
다만 현재를 현재대로 보라.

〈일야현자경〉

세상에는 죽어서 천당에 태어나게 되는
두 종류의 사람이 있다.
그 하나는 죄를 짓지 않고 선행만 하는 사람이요
또 하나는 죄를 지었어도 그것을 고치는 사람이다.
이 두 사람은 천상에 태어남에 걸림이 없다.

〈증일아함경〉

다른 사람을 편안하게 해주는 일이
하찮게 보일지라도 그 과보는 아주 크다.

〈법구경〉

일체중생의 심성은 본디 깨끗하다.
성품이 본디 깨끗하다는 것은
번뇌로 물들이거나 집착할 게 없다는 것이니,
마치 허공을 더럽게 할 수 없는 것과 같다.
심성과 공성은 평등하니,
둘이 있는 것이 아니란 뜻이다.
일체중생은 심성의 깨끗함을 모르기 때문에
욕심과 번뇌에 얽매이게 되는 것이다.

〈대방등대집경〉

큰 사랑의 마음으로 모든 생명에게
평등하게 즐거움을 준다면,
이것이 한량없는 사랑의 실천이다.

〈결정의경〉

수행은 큰 나무의 씨를 키워
싹이 트게 하고
꽃을 피게 하여
열매 맺게 하는 것과 같다.

〈대집비유경〉

어리석은 사람은
자기의 성품을 깨우치지 못하고
자신의 마음속에 정토가 있다는 것을 알지 못한다.
그래서 항상 공상만 하고 있다.
하지만 깨달은 사람은
어디에 있든지 모두 정토이다.

〈법보단경〉

스스로 만든 그물 위의 거미처럼,
욕망에 빠져버린 자들은
갈애(간절히 탐내고 집착함)의 흐름에 떨어진다.
지혜로운 사람은 이것을 끊고 나아가
바라는 바 없이 모든 괴로움을 버린다.

〈담마빠다〉

불법은 한량없어서
마치 큰 바다와 같다.
중생의 뜻을 따르기 때문에
갖가지 법을 설하신 것이다.

〈대지도론〉

세상 사람들은 생존에 대한
온갖 그릇된 집착에 얽매여 떨고 있다.
하열한 사람들은
갖가지 생존에 대한 망상에서 떠나지 않다가
죽음이 코 앞에 닥쳐와서야 슬피 운다.

〈숫타니파타〉

손이 없다면 보물을 보더라도
가질 수 없는 것과 같이,
믿음이라는 손이 없다면
삼보를 만난다 하더라도
아무런 소득이 없다.

〈심지관경〉

인간은 누구나 남녀간의 이성과
재물에 초연하기 어렵다.
그것은 마치 어린아이가
칼날에 묻은 꿀을 보고 핥다가
혀를 베는 것과 같다.

〈사십이장경〉

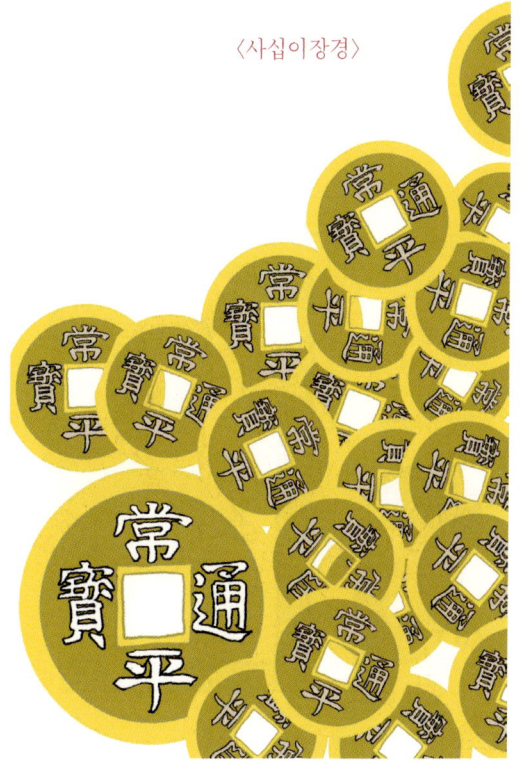

모든 원한이 생기는 것은
탐욕과 질투 때문이다.
탐욕과 질투는
사랑하고 미워하는 데서 생겨난다.

〈잡아함경〉

게으르면 비겁하고 나약해지니
태어나고 죽는 것 참지도 못하고
고뇌를 벗어나지도 못한다.
게을러 헛되이 살면
미래 세상에도 또한 열반을 얻지 못한다.

〈정법염처경〉

부지런히 노력하여
맑고 깨끗한 계율을 바르게 지켜야 한다.
바른 지혜로 해탈한 사람들에게는
악마도 접근하지 못한다.

〈소부경전〉

제3장

사람들 가운데 연꽃 같은 존재

무상하다는 생각을 깊이 사유하고
무상하다는 생각을 널리 펴면
삼계의 애욕을 모두 다 끊을 수 있다.

〈증일아함경〉

실제로 존재하는 모습이 없으며,
따라서 생멸하는 모습도 없다.

〈방광반야경〉

맷돌이나 숫돌이 깎이는 것은 보이지 않지만
어느 땐가 다 닳아 없어지고,
나무를 심으면 자라는 것이 보이지 않지만
어느새 크게 자란다.

〈선림보훈〉

그릇을 만드는 사람은 한 종류의 진흙으로
여러 가지 아름다운 그릇을 만들고,
똑같은 불로 여러 가지 그릇을 빚어낸다.
그렇다고 해서 결코 그릇을 만드는 진흙에
차별이 있는 것은 아니다.
그리고 그릇을 굽는 불도
또한 마찬가지로 아무런 차이도 없다.

〈보장경〉

부처님을 생각하는 사람은
사람들 가운데
연꽃 같은 존재임을 알라.

〈관무량수불경〉

만일 조금 들어 아는 것 있다 하여
스스로 대단한 체하며 남에게 교만하게 굴면,
마치 장님이 촛불을 잡은 것 같아
남은 비추어 주면서 자신은 밝히지 못한다.

〈법구경〉

자신의 이익을 분수에 넘치게 바라지 마라.
이익이 분수에 넘치면
반드시 어리석은 마음이 생긴다.
그래서 부처님께서
'적은 이익으로써 부자가 되라'고 하셨느니라.

〈보왕삼매론〉

마음은 모양이 없어서 마치 불의 성품과 같다.
불의 성품이 비록 나무 가운데 있으나
그 있는 곳이 결정되어 있지 않기 때문이다.
즉 이름이나 글자만 있을 뿐
성품은 찾을 수 없는 것처럼
마음의 상태도 그러하다.

〈금강삼매경〉

일체 여래께서는
한량없는 방편으로 모든 중생들을 제도하여
부처님의 무루지에 들게 하므로
법문 듣는 자는 성불 못할 사람 아무도 없다.

〈법화경〉

몸의 행을 일으키고 그치는 것은
모두 마음의 힘 때문이니
마음을 여의면 몸은 고목과 같다.
그러므로 마음을 잘 길들이면
몸은 저절로 바르게 될 것이다.

〈불소행찬〉

애욕이 있으면 더러운 것도 신비하게 보이니
매혹적인 겉모양에 사로잡히지 말라.
이 몸은 결국 덧없이 사라져가는 것임을 알아서
마음을 잘 가다듬어 흩어지지 않게 하라.

〈숫타니파타〉

남의 죄를 밝히고자 하는 사람은
그 죄가 거짓이 아니고 사실이어야 하며
그리고 때가 적절해야 하며
법도를 어기지 않고 보탬이 되어야 하며
거칠거나 험하지 않고 부드러워야 하며
사랑하는 마음으로 들추어야 한다.

〈잡아함경〉

입으로 나쁜 말을 하는 것은
날카로운 칼로 자신이 제 몸을 찌르는 것과 같다.
악한 사람을 칭찬하고 착한 사람을 헐뜯어서
입으로 온갖 허물을 짓는다면,
이것은 오직 악한 결과를 가져올 뿐이다.

〈근본유부비나야율〉

마음이 얽매이지 않는다는 것은
상대적인 생각을 떠나는 것이다.
상대적인 생각이라는 것은 주관과 객관이며,
이것을 떠나는 것이
곧 모든 것에 얽매이지 않는 것이다.

〈유마경〉

중생은 고통에서 벗어나기를 바라면서도
오히려 고통의 원인들을 향해 달려가고,
행복을 바라면서도 무지하기 때문에
행복의 원인들을 원수처럼 물리친다.

〈입보리행론〉

부처님이 계시더라도
그분의 가르침을 따르지 않는다면
무슨 큰 이익이 있을 것이며,
공부하기 어려운 세상이라도
부처님의 가르침을 받들고 따른다면
무슨 상심할 일이 있겠느냐!

〈초발심자경문〉

사회라는 것은
거기에 참다운 지혜가 빛나서
서로 알고 돕고 화합하는 집단이다.

〈열반경〉

항상 노력하라.
그리고 자기가 갈 곳은 자신이 만들어가라.
마치 대장장이가 녹을 없애듯이
자기 자신의 녹슨 곳을 없애라.
모든 녹을 없애고 악한 행동을 하지 않으면
그는 마침내 영원한 세계에 이르게 된다.

〈소부경전〉

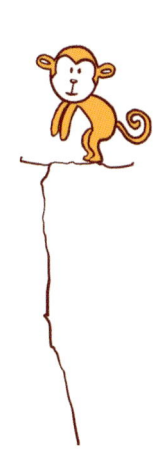

마음은
쉬지 않고 나무 사이를 타고 다니는
원숭이와 같다.
그러므로 항상 마음을 안정시키고
항복 받아야 한다.

〈증일아함경〉

물항아리에 비친 그림자를
실체로 착각하여 싸움을 벌이는 것처럼,
사람들은 실체가 없어
텅 빈〔空〕 것을 실체라고 착각한다.

〈잡비유경〉

선한 사람은 탐욕이 없어
가는 곳마다 그 모습이 아름답다.
괴로움을 만나도 즐거움을 만나도
그는 결코 허덕이지 않고,
슬퍼하지도 않으며 들뜨지도 않는다.

〈법구경〉

마땅히 머무는 바 없이
그 마음을 내라.

〈금강경〉

내가 열반한 뒤에
부처님의 형상을 조성하거나 그림으로 그려서
사람들이 그것을 보고 환희심을 내게 한다면,
능히 항하사 겁의
나고 죽는 죄를 멸할 수 있느니라.

〈관불삼매경〉

사람에게는 네 가지 고독함이 있다.
이 세상에 태어날 때 혼자서 오고,
죽을 때도 혼자서 간다.
그리고 온갖 괴로움도 혼자서 받고,
윤회의 길도 혼자서 가야 한다.

〈근본설일체유부비나야잡사〉

스승의 은혜를 아는 사람은
스승을 보았을 때는 곁에서 섬기고
보지 못할 때는 가르침을 생각하여라.
마치 효자가 부모를 생각하는 것과 같이 하며
사람들이 음식을 생각하는 것과 같이 하여라.

〈중심경〉

깨달음을 얻기 위해선
그 어떤 공경도 행하지 못할 것이 없다.
어떤 교만도 버리지 못할 것이 없고
어떤 이도 섬기지 못할 것이 없으며
어떤 고생도 겪지 못할 것이 없다.

〈화엄경〉

은애와 탐착에 집착한다면
지옥 고통을 면하지 못한다.

〈보살수행경〉

착한 벗이 좋기는 하지만
바른 생각만은 못하다.

〈불본행경〉

금생에 법을 들었으나 깨닫지 못했을지라도
법을 들은 공덕은 없어지지 않고 남아 있어
생사윤회를 거듭하면서도
그 공덕을 누리게 된다.

〈미증유인연경〉

음식이나 진귀한 보석만으로는
부모의 은혜를 다 갚지 못한다.
부모를 인도하여 바른 가르침으로 향하게 해야
진정 부모를 섬기는 것이 된다.

〈불은의광경〉

제4장

이익을 얻으면 대중과 함께 나눠라

비록 백 년을 산다 해도
나고 죽는 일을 알지 못하면
단 하루를 살더라도
나고 죽는 일을 깊이 깨달아 아는 것만 못하다.

〈출요경〉

마음의 때가 다하여 깨끗해지면
이는 가장 밝음이니,
마음의 광명은 천지 이전에 이미 있었다.
따라서 시방세계의 일체 존재를
모두 보고 듣고 알지 못함이 없어
일체지一切智를 얻게 되나니,
이를 밝음[明]이라 한다.

〈사십이장경〉

물을 건널 때나 가파른 산을 오를 때 조심하듯
자신을 잘 단속하라.
남이 이익을 얻거나 공덕을 지을 때
자기 자신이 하는 것처럼 기뻐하라.

〈잡아함경〉

중생계를 떠나지 않은 채 법신이 있으며,
법신을 떠나지 않은 채 중생계가 있다.
중생계가 다름 아닌 법신이며,
법신이 다름 아닌 중생계이다.

〈부증불감경〉

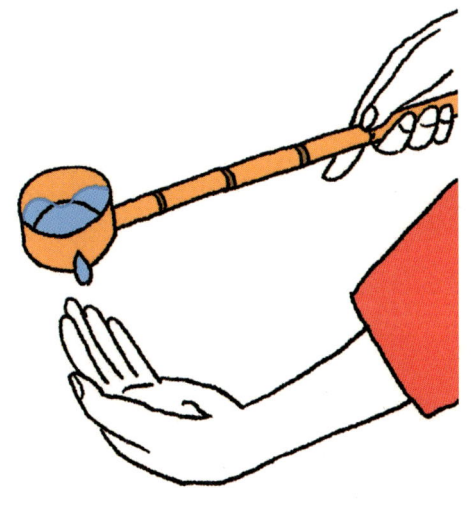

길에 나무를 심어
지나가는 사람들이 앉아서 쉬게 하며,
못이나 우물을 파 조롱박을 매달아
지나가는 사람들이 그늘에서 더위를 피하고
우물물로 갈증을 달래게 하면,
세상의 온갖 고뇌에서 벗어나게 된다.

〈비야바문경〉

대비는

모든 부처님과 보살들의 공덕의 근본이요,

반야바라밀의 어머니이며,

부처님들의 할머니이다.

보살은 대비심 때문에 반야바라밀을 얻고,

반야바라밀을 얻기 때문에 부처를 이룬다.

〈명망보살경〉

비록 보잘것없는 목숨일지라도
살기를 좋아하지 않는 것은 없다.
인자한 마음으로 목숨을 해치지 않으면
태어나는 곳곳마다 두려움이 없을 것이다.

〈법구비유경〉

향수를 만드는 사람의 몸에
향이 저절로 배는 것처럼
항상 염불하는 사람에게 부처님이 함께하나니,
금생에 염불하는 공덕으로 극락에 왕생하리라.

〈능엄경〉

전쟁에서 백만 대군을 정복하는 것보다
하나뿐일지라도 자신을 정복하는 사람이야말로
전쟁의 가장 큰 참된 승리자이다.

〈담마빠다〉

내가 이제 지장보살 위신력을 보니
항하사 겁 설하여도 다 말할 수 없네.
잠깐 동안 보고 듣고 우러러 예배하여도
인간과 천상에 그 이익 한량이 없네.

〈지장경〉

의로운 마음으로 재물을 구하고,
이익을 탐하는 마음이 없어야 한다.

〈불소행찬〉

남에게 공덕을 베풀려면
결코 과보를 바라지 말라.
과보를 바라면
자신이 도모하는 뜻을 가지게 되나니,
그래서 부처님께서
'덕 베푼 것을 헌신짝처럼 버리라'고 하셨느니라.

〈보왕삼매론〉

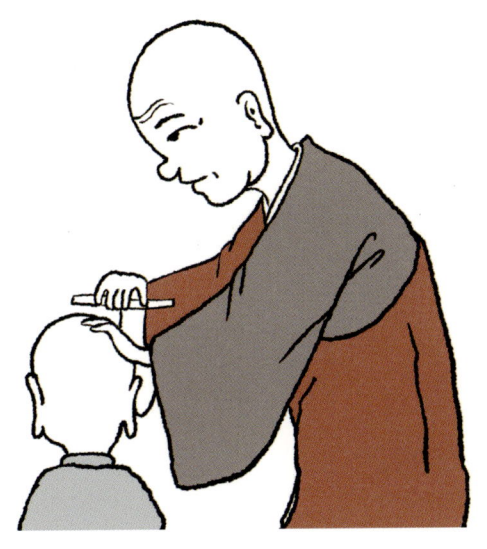

수행하는 자는
마음을 굳게 지니고 뜻을 세워,
좋은 인연을 만나면
가차없이 밀고 나가는 인내와
용기와 결단력이 필요한 것이다.

〈현우경〉

그 성질이 인자하고 부드럽고 온화하면
현명한 자나 어리석은 자나 모두 따르고,
탐심이 많고 거칠면
사람도 짐승도 모두 멀리 떠난다.

〈법원주림〉

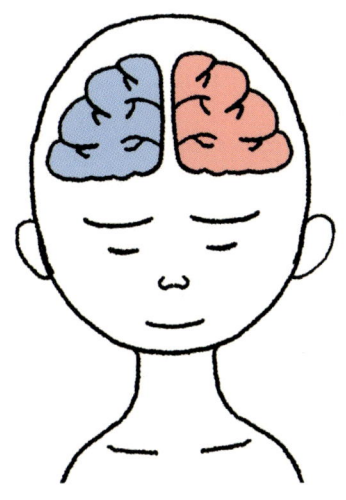

사람은 번뇌 때문에 죄를 짓고
죄 때문에 항상 고통을 받는다.
번뇌와 죄 그리고 고통은
수레의 세 바퀴와 같이 끝없이 구른다.
이것을 가리켜 '윤회'라고 한다.

〈아함경〉

배울 때 친구가 없다 해도
착한 벗을 얻지 못했거든
차라리 홀로 착함을 지킬지언정
어리석은 이와는 짝하지 말라.

〈법구경〉

부처님 말씀을 보시하면
큰 지혜를 얻게 되고,
의약을 보시하면
질병의 공포에서 벗어나게 되며,
좋은 밭을 보시하면
항상 창고가 가득 차게 된다.

〈육취윤회경〉

달을 가리킬 때 어리석은 사람은
손가락만 보고 달을 보지 않는 것처럼,
이름이나 문자에
집착하여 헤아리고
분별하는 사람은
진실을 보지 못한다.

〈입능가경〉

깊은 바다는 파도가 없으며
늘 고요하고 잔잔하다.
마음의 평정을 이룬 사람도 마찬가지이다.

〈숫타니파타〉

너그럽게 살아라.
남에게 손해를 입히지 말고,
이익을 얻으면
대중과 함께 나눠라.

〈유행경〉

좋지 못한 재난을 보거든, 마음을 거두어
악한 생각을 없애지 않으면 안 된다.
그리하여 온갖 탐욕과 성냄을 없애야 한다.
소를 치는 사람은 봄의 들판에 새싹이 자라면
소를 놓아먹이되, 소떼들이 가는 곳을 지키고
주의를 게을리하지 않는다.
사람 또한 이와 같이 하여
자기 마음이 어떻게 움직이고 있는가를
항상 지키고 잊지 않도록 해야 한다.

〈파리중부토베다피닷가경〉

항상 부드러운 말을 하고
사람을 칭찬하며
말과 행동이 서로 맞으면
몸과 마음을 해치지 않는다.

〈수행도지경〉

마음속에 바라는 것은 똑같으나,
땀흘려 노력하는 자만이
그것을 얻을 수 있다.

〈별역잡아함경〉

적으면 적은 대로 베풀고
중간 정도면 또 그대로 베풀며
많으면 많은 대로 베풀라.

〈자타카〉

세상의 즐거움은 뒷날 괴로움이 될 것인데
어찌 그것을 욕심내어 집착하며,
한 번 참아내면
뒷날 영원한 즐거움이 될 것인데
어찌 이를 알고 도를 닦지 않겠는가!

〈초발심자경문〉

마음은 안에 있는 것도 아니요
밖에 있는 것도 아니며
그리고 중간에 있는 것도 아니다.
또 마음은 파랑 노랑 하양 까망 등의
빛깔이 있는 것도 아니다.
따라서 마음은 빛깔이 없어 볼 수도 없으며
머무는 곳이 없어
붙잡을 수도 없음을 알아야 한다.

〈문수사리보조삼매경〉

스승의 가르침을 따라
착한 생각을 내어라.
가르침과 스승을 받들고
마땅히 일심으로 공양하라.

〈보리행경〉

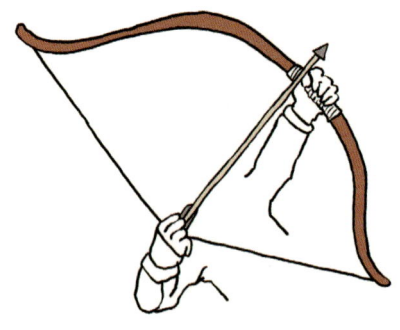

일체중생에게 네 가지 독화살이
병의 원인이 된다.
그 네 가지 독화살은
탐욕·성냄·어리석음·교만이다.

〈대반열반경〉

정말로 아는 것이 없으면
교만해진다.

〈잡보장경〉

선남자여!
만일 남자가 아내를 사랑하고 어여삐 생각하면
반드시 이익이 불어날 것이요,
흥하거나 쇠하지 않으리라.

〈선생경〉

제5장 비고 고요함은 근본이 없네

항상 남의 좋은 점을
사랑하고 기뻐하라.

〈아난분별경〉

짧게 살 행동을 하면 짧게 살고
오래 살 행동을 하면 오래 살게 된다.
천한 행동을 하면 천해지고
귀한 행동을 하면 반드시 귀하게 된다.

〈앵무경〉

어떤 이론이 사람들의 지지를 받는다고 해서
무조건 따르지 말고,
어떤 가르침이 남들의 비난을 받는다고 해서
무조건 배척하지도 말며,
사람들로부터 존경받는 이가 주장했다고 해서
검증되지 않은 말에 현혹되지 말라.

〈중아함경〉

불자여, 마땅히 알라.
만약 사람이 나의 법을 믿어서
허물을 뉘우치고 깨달으면,
크고 작은 죄가 그 자리에서 녹아 없어지고
착한 길로 향하게 된다.

〈자비도량참법〉

사람은 애정과 탐욕과 음욕 때문에
생사에 윤회한다. 음욕은 애정을 일으키고,
애정은 태어남과 죽음을 일으킨다.
음욕은 사랑에서 찾아오고,
생명은 음욕에서 싹튼다.
음욕으로 인해 마음에 거슬림이 생기고,
미움과 질투를 일으켜 온갖 악업을 계속 낳게 된다.
그러므로 생사의 윤회에서 벗어나려면
먼저 탐욕을 끊고
갈애(간절히 탐내고 집착함)에서 벗어나야 한다.

〈원각경〉

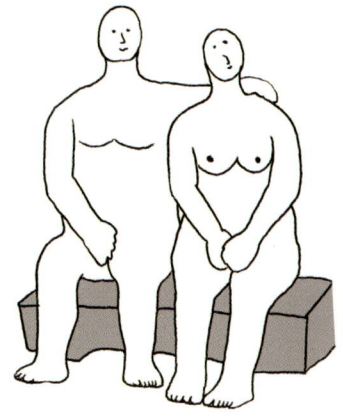

보시는 편안하다.
목숨을 마칠 때
마음에 두려움이 없다.

〈대지도론〉

만일 허물이 있어도 스스로 그 잘못을 알아
악을 고쳐 착함을 행한다면,
죄가 스스로 없어지는 것이
마치 병자가 땀을 내어 차차 나아지는 것과 같다.

〈사십이장경〉

뿌리가 다치지 않고 견고하면
나무가 잘려도 다시 자란다.
이처럼 숨어 있는 갈애가
뿌리 뽑히지 않으면,
이 괴로움은 거듭 일어난다.

〈담마빠다〉

잠 못 이루는 자에게 밤은 길고
피곤한 이에게 길은 멀며,
어리석은 이에게 생사는 길고
오묘한 법을 듣기란 드문 일이로다.

〈법집요송경〉

경을 듣고 마음으로 따라 기뻐하며
사경하여 지니고 공경히 염송하면
무량한 복덕을 받는다.

〈출생무량문지경〉

보시와 사랑스러운 말을 즐기고,
자비한 마음으로
모든 중생을 아끼고 염려하면
이러한 인연이 진실이 된다.

〈제법집요경〉

일체의 흙과 물은 다 나의 먼저 몸이요
일체의 바람과 불은 다 나의 본체이거니
산 것을 풀어서 살려주어라.

〈범망경〉

악을 싫어해 멀리할 것이며,
술을 절제하고 덕행 쌓는 것을 게을리 마라.
이것이 더없는 행복이다.

〈숫타니파타〉

두려워하지 않아도 되는 일을 두려워하고,
진정으로 두려워해야 할 일에
두려워하지 않는 사람들은
항상 그릇된 생각에 빠져 있다.
그런 사람들은 깨달음을 얻을 수 없다.

〈법구경〉

자애롭게 생명을 보살피고 보호하며,
생명을 해치지 않고
가엾이 여기는 것이 불교이다.

〈불설문수사리보장경〉

모든 부처님의 가장 큰 일이란
이른바 일체중생들을 구제하여
일체중생들을 버리지 않는 것이다.

〈대품반야경〉

얼룩새의 몸은 하나지만
몸의 색깔은 수없이 많듯이,
사람 역시 몸은 하나지만
마음의 얼룩은
얼룩새의 빛깔보다 더 많으니라.

〈잡아함경〉

원수를 상대하면서도
분노를 품지 않는다면
그는 영원히 안락할 수 있을 것이다.

〈보리행경〉

게으름은 더러움으로 이르는 길이요
부지런함은 깨끗함으로 이르는 길이다.
방일은 마음을 어지럽게 하는 길이요
한결같은 마음은 고요(해탈)에 이르는 길이다.

〈문수사리정률경〉

대자비로 방을 삼으며
부드럽고 온화한 인욕의 옷을 입고
모든 법이 공空한 경지를 법좌로 삼아
그런 조건 속에서 중생을 위해 설법하라.

〈법화경〉

성내는 사람에게 같이 성내는 사람은
사태를 더욱 나쁘게 만들 뿐이요,
성내는 사람에게 같이 성내지 않는 사람은
이기기 어려운 전쟁에서 이기는 사람이다.

〈상윳따 니까야〉

허공은 가이없고 도의 행도 또한 그지없네.
그러나 허공은 소리로써 보답하지만,
비고 고요함은 근본이 없네.

〈보살영락경〉

세존이시여!
저는 오늘부터 깨달음에 이를 때까지,
다른 사람의 신체 및 소유물에 대하여
질투하는 마음을 일으키지 않겠습니다.

〈승만경〉

바다에 들어가지 않으면
진주를 얻을 수 없다.
이 번뇌의 바다에 들어오지 않으면
지혜의 보배는 얻을 수 없다.

〈유마경〉

선하고 악한 일은 제 마음으로 짓는 것이고
화와 복은 사람에게 달려 있다.
마치 그림자가 형상을 따르고
메아리가 소리에 응하는 것과 같다.

〈아난분별경〉

무량한 뜻이란
결국 한 가지 법으로부터 생긴 것이니,
그 한 가지 법이란 모양없는 도리이다.
이러한 모양없는 도리는
모양이 없으므로 모양이 아니며,
모양이 없고 모양이 아니니 '참된 실상'이라 한다.

〈무량의경〉

나이 들어서도 정진하며
애욕에 사로잡히지 않으면,
복을 받아 가난해지지 않으리라.

〈법구비유경〉

아주 작은 선행이라 할지라도
그것은 마치 곡식이 창고에 쌓이는 것과 같아서
내세의 안락과 행복을 가져온다.

〈소부경전〉

마음으로 인해
삼계(욕계·색계·무색계)가 생긴 것이며,
마음이 삼계를 만든다.

〈화엄경〉

남녀 사이의 이성보다
더 강한 욕망은 없다.

〈이취경〉

제6장

한 가지 선함은 백 가지 악을 부순다

가엾이 여기는 마음은 뿌리가 되고
상냥한 말씨는 줄기가 되며
참는 마음은 너울너울 가지가 되고
보시는 주렁주렁 열매가 된다.

〈대장부론〉

자식이 부모 은혜를 갚기 위해
아버지를 왼쪽 어깨에
어머니를 오른쪽 어깨에 모신 채,
대소변을 받으면서 백천 겁 동안
수미산을 돌더라도 다 갚을 수 없다.

〈부모은중경〉

세상의 모든 향기 중에
가장 훌륭한 향기가 세 가지 있다.
첫째는 지계의 향기요
둘째는 배움의 향기이며
셋째는 보시의 향기이다.

〈잡아함경〉

비난만을 받는 사람도 없으며
칭찬만을 받는 사람도 없다.

〈법구경〉

선남자 선여인이 아뇩다라삼먁삼보리를
이루려는 마음을 내었다면,
마땅히 '내 응당 일체중생들을 제도하리라'고
마음먹어야 한다.
그러나 일체중생들을 제도한 뒤에는
실로 한 중생도 제도했다는 생각이 없어야 한다.

〈금강경〉

원차종성변법계

철위유암실개명

삼도이고파도산

일체중생성정각

모든 법의 객관적인 존재란
실제로는 없지만
억지로 제법(모든 법)이라 이름한 것이다.

〈성구경〉

수행하는 게 올바른 길이라고
다른 사람을 설득하려 들지 말고,
삶의 태도로써
수행의 이점을 보여주어라.

〈수자타〉

익은 과일은 반드시 땅으로 떨어지게 되어 있다.
이처럼 생명 있는 자는 반드시 죽게 되어 있다.
존재들에게는 항상 죽음의 두려움이 있다.

〈숫타니파타〉

성내고 해치려는 생각을 없애고
늘 사랑하는 마음을 간직하라.
연민하는 마음으로 중생을 돌아보고
자비로운 생각으로 눈물을 흘려라.

〈현우경〉

모든 죄의 업장에서 벗어나고자 한다면,
자신의 몸을 깨끗이 하고 단정하게 앉아
합장하고 일심으로 내 이름을 염불하라.

〈불명경〉

몸과 말과 생각을 잘 살펴서
모든 악한 짓을 하지 말라.
능히 이 세 가지, 곧 몸과 말과 생각으로 짓는
악한 짓을 없애는 이는
반드시 열반을 얻게 되리라.

〈대보적경〉

한 가지 선함은 백 가지 악을 부순다.

〈열반경〉

보살은 남을 해치지 않으며,
성내지 않고 남의 잘못을 생각하지 않느니라.
보살은 다른 사람의 허물을 감추고 덮어주며,
나무라고 욕됨을 받아도
그 마음을 다르게 먹지 않느니라.

<대방등대집경>

계를 잘 가지면 명성을 얻고
보시를 행하면 큰 재물을 얻는다.

〈잡아함경〉

거울을 닦아 때가 없어지면
밝음만 있는 것과 같아서,
욕심을 끊어 구함이 없으면
마땅히 숙명을 알 수 있다.

〈사십이장경〉

물이 출렁이면
달도 따라서 출렁이듯이,
번뇌가 일어나면
모든 현상도 함께 일어난다.

〈육바라밀경〉

분별심을 일으키지 않는 것이
부처님을 만나는 길이다.

〈능가경〉

한 나무에 깃든 새들과
한 여관에 모인 나그네들이
새벽이면 각기 흩어지듯이,
세속의 영광도 사라지게 마련이다.

〈빈두로돌라사위우타연왕설법경〉

자기는 악행을 저지르지 않는다 해도
악행을 저지르는 자를 가까이 하면
남에게 비웃음을 당하고
나쁜 이름이 밤낮으로 널리 퍼진다.

〈법집요송경〉

연기법은 내가 만든 것도 아니요,
또한 다른 무엇이 만든 것도 아니다.
그러므로 그것은 여래가 세상에 출현하거나
출현하지 않거나 간에, 항상 법계에 머문다.
즉 이것이 있기 때문에 저것이 있고,
이것이 일어나기 때문에
저것이 일어난다는 것이다.

〈잡아함경〉

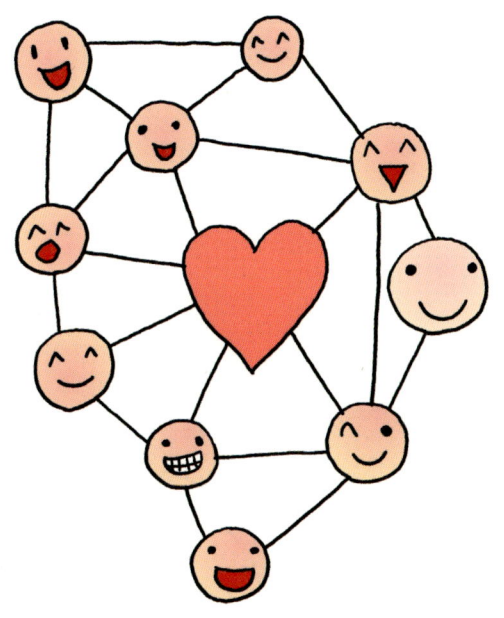

모든 법은

인연으로 생기므로 실제 있는 것이 아니며,

인연으로 생기므로 실제 없는 것도 아니다.

〈중론〉

역경을 참아내고,
형편이 잘 풀릴 때를 조심하라.

〈잡보장경〉

금생의 행복을 위해선
자기의 소질에 맞는 기술을 익혀
그것으로 생계를 영위하고
봉사하며 보시하라.

〈법구경〉

인욕하는 자가
이 세상에서 가장 힘이 강한 자이다.
신통력을 얻는 것이나
도를 얻어 좋은 상호를 갖추는 것,
또 깨달음을 얻는 것도
모두 인욕으로 생긴 것이다.

〈출요경〉

건강할 때 빨리 복덕을 지어야 한다.
병들면 복덕을 닦으려 해도
몸과 힘이 허락하지 않는다.

〈대장엄론경〉

사람으로서 몸과 마음을 닦지 않으면
그것은 마치 뿌리 없는 나무와 같다.
인생도 이와 같아서
덧없는 인생은 찰나 사이에 흘러간다.
그러므로 부지런히 몸과 마음을 닦아
저 영원의 세계로 나아가라.

〈시가라위경〉

항상 복덕을 짓고 보시를 행하라.

〈사아함모초해〉

어떤 사람이 죄가 있거나 없거나 간에
칼과 사슬이 그 몸을 속박하였더라도
관세음보살의 명호를 부르면
모두 끊어지고 부서져 벗어나게 되느니라.

〈법화경〉

어떤 이가 소경들을 불러 코끼리를 만지게 했다.
그들은 서로 코끼리에 대해 말하였는데,
다리를 만진 이는 코끼리가 기둥처럼 생겼다고
했다. 또 코를 만진 이는 코끼리가 동아줄처럼
생겼다고 했으며, 꼬리를 만진 이는 큰 지팡이
같다고 서로 주장했다.
진리를 모르면서 조금 아는 것을
진리라고 주장하는 사람들도 이와 같다.

〈삼혜경〉

만일 얻을 마음이 없음을 알면
법도 얻을 것이 없고, 죄도 복도 얻을 것이 없으며,
생사도 열반도 얻을 것이 없다.
마침내 아무것도 얻을 것이 없나니,
얻을 것 없다는 그것마저 얻을 것이 없다.

〈법고경〉

제7장

복은 도둑맞는 법이 없다

마음이 겸손하면
온갖 복이 스스로 돌아온다.

〈초발심자경문〉

착한 벗을 가까이하면
더욱 선량해지고,
나쁜 벗을 가까이하면
못된 짓만 자라나게 된다.

〈현우경〉

믿음을 가지고 가정이 화목하면
복과 좋은 일이 저절로 찾아온다.
이 세상의 복이란
자신의 행위에서 오는 결과일 뿐
결코 신이 내려주는 것이 아니다.

〈아난문사불길흉경〉

물이 풀과 약초와 나무를 키우듯이
청정한 원을 지닌 보살은
중생을 자비로 적시고
중생이 지니고 있는 깨끗한 성품을 키워준다.

〈보적경〉

계를 지키면

늙도록 편안하고 잘 지내게 되나니,

지혜는 사람의 보배요

복은 도둑맞는 법이 없다.

〈출요경〉

좋은 벗이란
고락을 함께하고 이익을 나누며,
상대방에게 직업을 갖게 하고
늘 어진 생각을 한다.

〈선생자경〉

모든 법은 고요하고 담연하여
움직이지 않고 상주불변하며,
본래 흘러가거나 흘러옴이 없다.

〈대승기신론〉

나라를 위해 벼슬에 있더라도
탐욕을 부리지 말아야 하고
잔인하지 않아야 하며
승진에 매달려서도 안 되느니라.
또 오욕락에 빠지거나
청탁에 개입해서도 안 되느니라.

〈불반니원경〉

열매를 얻으려면 먼저 씨를 뿌려야 한다.
이처럼 착한 마음을 심으면
마침내 복을 얻게 되고,
나쁜 마음을 심으면 재앙을 만나게 된다.
즉 씨를 심지 않으면 열매를 얻지 못하고,
씨를 뿌리는 마음을 올바르게 가지면
행복은 스스로 찾아오게 된다.

〈견의경〉

참는 것은 분노를 이기고
착한 것은 악한 것을 반드시 이긴다.
남에게 은혜를 베풀면 악업을 벗어나고
진실된 말은 거짓의 말을 이긴다.
꾸짖지 않고 사납게 하지 않아도
언제나 성현의 마음에 머무르면,
비록 나쁜 사람이 화를 돋우더라도
산처럼 움직이지 않을 수 있다.

〈빈기가경〉

여래는
세상과 다투지 않으니,
사랑하고 미워함을 버렸기 때문이다.

〈대방등대집경〉

공경하는 마음으로 합장하면
훌륭한 복을 누리고 좋은 가문에 태어나며
건강한 몸을 받게 되고
목소리가 곱고 옷이 잘 어울리며
말재주가 있고 흔들리지 않는 믿음을 얻으며
계행이 바르고 법문을 많이 듣게 되며
뛰어난 지혜를 얻게 된다.

〈수가장자설업보차별경〉

나보다 나은 사람을 보고 질투하지 말며,
내가 남보다 낫다고 교만하지 말라.

〈우바새계경〉

여법하게 부처님께 공양하면
염불하는 그 마음이 흔들리지 않고,
만일 염불하는 그 마음이 흔들리지 않는다면
한량없는 부처님들을 뵙게 되리라.

〈화엄경〉

호화롭던 임금의 수레도
언젠가는 부서지듯
우리 몸도 늙으면 형체가 썩는다.
오직 선업과 덕으로만
괴로움을 면할 수 있다.

〈법구경〉

그림자가 형상을 따라 나타나듯이,
이 세상 모든 것은
죄와 복으로 말미암지 않은 것이 없다.
그러므로 죽은 자의 몸은 비록 없어지더라도
그가 지은 선과 악의 결과는 그대로 남아,
다음 생을 받을 때에 결정적인 원인이 된다.

〈패경〉

자비는
인연을 가리지 않으니
원수와 친척이 같은 것이다.

〈전등록〉

선악의 결과는 오직 자신만이 받게 될 뿐
부모나 형제가 대신 받을 수는 없다.
그러므로 항상 덕스럽고 깨끗한 행동을 한다면
결과에 대해 두려워할 것은 없다.

〈출요경〉

비구들이여!
나는 완전한 지혜의 성취가
단번에 이루어진다고 말하지 않는다.
그와 반대로 점차적으로 배우고
점차적으로 실천하며
점차적으로 발전하여
완전한 지혜의 성취가 있게 된다.

〈맛지마 니까야〉

오직 부처님의 말씀에 기대어 살 일이지,
세상 사람들의 헛된 말을 따르지 말지어다.

〈초발심자경문〉

욕심이 많은 사람은
이익을 구함이 많기 때문에 번뇌도 많지만,
욕심이 적은 사람은
구함도 없고 하고자 함도 없기 때문에
그런 근심이 없다.

〈불유교경〉

무슨 일이든지 앞과 뒤의 순서가 있기 마련이다.
우선순위에 따라 미리미리 준비하라.
그러면 당황하거나 허둥대는 일이 없을 것이다.
때가 되어서야 비로소 노력을 기울이는 사람은
마땅히 할 일을 하지 않는 것이나 다름없다.

〈본생경〉

이 세상에서
자기 자신보다 사랑스러운 것은 없다.
그러므로 자신이 사랑스러운 사람은
남을 해쳐서는 안 된다.

〈상응부경전〉

중생의 목숨을 해치지 않고
남에게 음식을 베풀면,
이 두 가지 인연으로 그 수명이 길어진다.

〈금강명최승왕경〉

입을 조심하여
쓸데없는 말을 하지 말고,
착한 말 바른 말
부드러운 말 고운 말만 하라.

〈숫타니파타〉

세력을 다 부리지 마라
지나치면 후회할 일이 생긴다.
복을 지나치게 구하지 마라
지나치면 재앙으로 변한다.
규율을 다 지키지 마라
지나치면 집착하게 된다.
좋은 말도 다 하지 마라
말이 과하면 허물이 된다.

― 법연선사

내가 항상 너희에게 말하기를,
'내 가르침을 물을 건네주는
뗏목과 같이 알라'고 하지 않았더냐?
법도 오히려 버려야 할 것인데,
하물며 법 아닌 것은 말해 무엇하겠느냐!

〈금강경〉

믿음과 실천이 있는 사람은
거룩한 이의 칭찬을 받고,
해탈을 즐기는 사람은
모든 굴레에서 벗어나느니라.

〈법구비유경〉

많은 보살마하살이
아뇩다라삼먁삼보리의 마음을 내는 것은
수많은 중생들을 편안하게 하고,
한량없는 중생들로 하여금 즐거움을 얻게 하며,
무수한 하늘천신과 사람들을 불쌍히 여겨
이익을 주기 위함이다.

〈대품반야경〉

모든 강물이 바다에 이르면
강으로서의 이름이 없어진다.
모든 사람도
불법이라는 바다에서는 평등하다.

〈증일아함경〉

비록 온갖 것이 공하다고 관찰하더라도
중생을 버리지 않고,
비록 중생을 가엾이 여기더라도
일체 온갖 것이 공함을 버리지 않는다.

〈대지도론〉

아상我相이 있으면 죄가 생겨나고,
공덕을 잊으면 복이 최고로 뛰어나다.

〈육조단경〉

● **혜조 스님**

봉녕사 강원을 졸업하고 동국대학교 대학원 박사과정을 수료하였으며, 대한불교조계종 총무원 문화국장을 역임하였다.
저서로 『우리말 법화경』(역서), 『너를 위하여 밝혀둔 작은 램프 하나』, 『엉겅퀴 붉은 향』(시집) 등이 있다.

● **신창호**

'소리경전공덕회'(카페)에서 활동하는 재가불자이다.
경전 말씀에 그림을 그리고,
동영상 작업으로 불법을 홍포하고 있다.

그림 경전 말씀

자비는 인연을 가리지 않네

초판 1쇄 발행 2020년 12월 24일 | **초판 4쇄 발행** 2023년 7월 18일
엮은이 혜조 | 그린이 신창호 | 펴낸이 김시열
펴낸곳 도서출판 운주사

(02832) 서울시 성북구 동소문로 67-1 성심빌딩 3층
전화 (02) 926-8361 | 팩스 0505-115-8361
ISBN 978-89-5746-635-3 03220   값 15,000원
http://cafe.daum.net/unjubooks 〈다음카페: 도서출판 운주사〉